《工伤保险条例(2010年修订)》
简明问答

人力资源和社会保障部工伤保险司

中国劳动社会保障出版社

图书在版编目(CIP)数据

《工伤保险条例(2010年修订)》简明问答/人力资源和社会保障部工伤保险司. —北京:中国劳动社会保障出版社,2011

ISBN 978-7-5045-8877-7

Ⅰ.①工… Ⅱ.①人… Ⅲ.①工伤事故-劳动保险-条例-中国-问答 Ⅳ.①D922.555

中国版本图书馆 CIP 数据核字(2011)第 009857 号

中国劳动社会保障出版社出版发行

(北京市惠新东街1号 邮政编码:100029)
出 版 人:张梦欣

*

北京外文印刷厂印刷装订 新华书店经销
787毫米×960毫米 32开本 1.25印张 15千字
2011年1月第1版 2011年1月第1次印刷
定价:5.00元

读者服务部电话:010-64929211/64921644/84643933
发行部电话:010-64961894
出版社网址:http://www.class.com.cn

版权专有 侵权必究
举报电话: 010-64954652

如有印装差错,请与本社联系调换:010-80497374

目 录

一、总则

1. 为什么要制定《工伤保险条例》? ……………………………（1）
2. 工伤保险制度的适用范围是什么? ……………………………（2）
3. 哪些人拥有享受工伤保险待遇的权利? ………………………（2）
4. 工伤保险工作由哪个部门负责? ………………………………（3）

二、工伤保险基金

5. 工伤保险基金由哪几个部分构成? ……………………………（3）
6. 工伤保险费费率如何确定? ……（3）
7. 工伤保险费应由谁来缴纳? ……（4）
8. 工伤保险基金主要用于哪些支出项目? …………………………（5）

三、工伤认定

9. 哪些情形应当认定为工伤？ … （5）
10. 哪些情形可视同工伤？ ……… （6）
11. 哪些情形不得认定为工伤或者视同工伤？ …………………… （7）
12. 提交工伤认定申请的时限是如何规定的？ ……………………… （8）
13. 提出工伤认定申请应当提交哪些材料？ …………………………… （10）
14. 社会保险行政部门受理工伤认定申请后是否需要调查核实？ …………………………………………… （11）
15. 职工或者其近亲属认为是工伤而用人单位不认为是工伤时，怎么办？ ……………………………… （12）
16. 社会保险行政部门应在多少天内作出工伤认定的决定？ …… （12）

四、劳动能力鉴定

17. 什么是劳动能力鉴定？ ……… （13）
18. 哪些情形下需要进行劳动能力鉴定？ ……………………………… （14）
19. 劳动能力鉴定的业务流程是怎

样的？ …………………………… (15)

五、工伤保险待遇

20. 什么情况下可以享受工伤医疗待遇？ …………………………… (17)
21. 职工治疗工伤，应当在哪些医疗机构就医？ ………………… (17)
22. 工伤医疗待遇包括哪些内容？
　　…………………………………… (17)
23. 工伤职工安装假肢等费用可以从工伤保险基金支付吗？ …… (18)
24. 工伤职工停工留薪期可以享受哪些待遇？ ………………… (19)
25. 支付给工伤职工的生活护理费标准是什么？ ………………… (20)
26. 职工因工致残被鉴定为一级至四级伤残的，享受哪些待遇？
　　…………………………………… (20)
27. 职工因工致残被鉴定为五级、六级伤残的，享受哪些待遇？
　　…………………………………… (22)
28. 职工因工致残被鉴定为七级至

十级伤残的，享受哪些待遇？

………………………………… (23)

29. 如果工伤复发，还能享受工伤待遇吗？ ………………… (24)

30. 职工因工死亡，其近亲属、供养亲属可以享受哪些待遇？

………………………………… (24)

31. 在什么情况下工伤职工停止享受工伤保险待遇？ ……………… (25)

32. 用人单位分立、合并、转让的，工伤保险责任如何承担？ …… (26)

33. 职工在借调期间发生工伤，由谁承担工伤保险责任？ ……… (26)

34. 企业破产时工伤保险待遇如何支付？ ……………………… (27)

35. 职工被派遣出境工作时工伤保险关系如何办理？ …………… (27)

36. 职工再次发生工伤时如何享受工伤保险待遇？ ……………… (27)

六、监督管理

37. 对工伤保险的违法行为应向谁举报？ ……………………… (28)

38. 职工与用人单位发生工伤待遇方面的争议应如何处理? …… (28)

39. 工伤职工或者其近亲属在何种情形下可以申请行政复议? ……………………………………… (28)

七、法律责任

40. 工伤职工或者其近亲属骗取工伤保险待遇应如何处罚? …… (29)

41. 用人单位未按规定参加工伤保险,职工发生工伤应如何支付费用? …………………………… (29)

八、附则

42. 什么是本人工资? …………… (30)

43. 无营业执照及被依法吊销营业执照的单位的职工发生工伤或者患职业病的,如何给予赔偿? ……………………………………… (30)

一、总　　则

1. 为什么要制定《工伤保险条例》?

制定《工伤保险条例》，是为了保障因工作遭受事故伤害或者患职业病的职工获得医疗救治和经济补偿，促进工伤预防和职业康复，分散用人单位的工伤风险。

2003年4月27日，中华人民共和国国务院令第375号公布了《工伤保险条例》，自2004年1月1日起施行。2010年12月8

日，国务院第 136 次常务会议通过了《国务院关于修改〈工伤保险条例〉的决定》，自 2011 年 1 月 1 日起施行。

2. 工伤保险制度的适用范围是什么？

《工伤保险条例（2010年修订）》（以下简称《工伤保险条例》）第二条明确规定，中华人民共和国境内的企业、事业单位、社会团体、民办非企业单位、基金会、律师事务所、会计师事务所等组织和有雇工的个体工商户（以下称用人单位）应当依照本条例规定参加工伤保险，为本单位全部职工或者雇工（以下称职工）缴纳工伤保险费。

3. 哪些人拥有享受工伤保险待遇的权利？

《工伤保险条例》第二条规定，中华人民共和国境内的企业、事业单位、社会团体、民办非企业单位、基金会、律师事务所、会计师事务所等组织的职工和个体工商户的雇工，均有依照本条例的规定享受工伤保险待遇的权利。

4. 工伤保险工作由哪个部门负责?

《工伤保险条例》第五条规定,国务院社会保险行政部门负责全国的工伤保险工作。

县级以上地方各级人民政府社会保险行政部门负责本行政区域内的工伤保险工作。

社会保险行政部门按照国务院有关规定设立的社会保险经办机构(以下称经办机构)具体承办工伤保险事务。

二、工伤保险基金

5. 工伤保险基金由哪几个部分构成?

《工伤保险条例》第七条规定,工伤保险基金由用人单位缴纳的工伤保险费、工伤保险基金的利息和依法纳入工伤保险基金的其他资金构成。

6. 工伤保险费费率如何确定?

《工伤保险条例》第八条规定,工伤保险费根据以支定收、收支平衡的原则,确定费率。

国家根据不同行业的工伤风险程度确定行业的差别费率,并根据工伤保险费使用、工伤发生率等情况在每个行业内确定若干费率档次。行业差别费率及行业内费率档次由国务院社会保险行政部门制定,报国务院批准后公布施行。

统筹地区经办机构根据用人单位工伤保险费使用、工伤发生率等情况,适用所属行业内相应的费率档次确定单位缴费费率。

7. 工伤保险费应由谁来缴纳?

《工伤保险条例》第十条规定,工伤保险费应由用人单位按时缴纳。职工个人不缴纳工伤保险费。

8. 工伤保险基金主要用于哪些支出项目?

《工伤保险条例》第十二条规定,工伤保险基金存入社会保障基金财政专户,用于本条例规定的工伤保险待遇,劳动能力鉴定,工伤预防的宣传、培训等费用,以及法律、法规规定的用于工伤保险的其他费用的支付。

三、工伤认定

9. 哪些情形应当认定为工伤?

《工伤保险条例》第十四条规定,职工有下列情形之一的,应当认定为工伤:

(一)在工作时间和工作场所内,因工作原因受到事故伤害的;

(二)工作时间前后在工作场所内,从事与工作有关的预备性或者收尾性工作受到事故伤害的;

(三)在工作时间和工作场所内,因履行工作职责受到暴力等意外伤害的;

（四）患职业病的；

（五）因工外出期间，由于工作原因受到伤害或者发生事故下落不明的；

（六）在上下班途中，受到非本人主要责任的交通事故或者城市轨道交通、客运轮渡、火车事故伤害的；

（七）法律、行政法规规定应当认定为工伤的其他情形。

10. 哪些情形可视同工伤？

《工伤保险条例》第十五条规定，职工有下列情形之一的，视同工伤：

（一）在工作时间和工作岗位，突发疾

病死亡或者在 48 小时之内经抢救无效死亡的；

（二）在抢险救灾等维护国家利益、公共利益活动中受到伤害的；

（三）职工原在军队服役，因战、因公负伤致残，已取得革命伤残军人证，到用人单位后旧伤复发的。

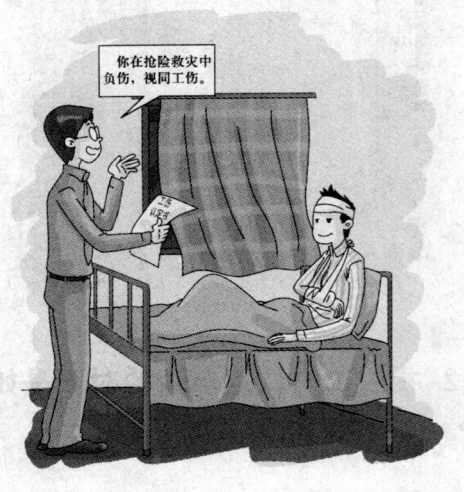

11. 哪些情形不得认定为工伤或者视同工伤？

《工伤保险条例》第十六条规定，职工虽符合认定为工伤或者视同工伤的规定，但有下列情形之一的，不得认定为工伤或者视同工伤：

（一）故意犯罪的；

（二）醉酒或者吸毒的；

（三）自残或者自杀的。

12. 提交工伤认定申请的时限是如何规定的？

《工伤保险条例》第十七条规定，职工发生事故伤害或者按照职业病防治法规定被诊断、鉴定为职业病，所在单位应当自事故伤害发生之日或者被诊断、鉴定为职业病之日起30日内，向统筹地区社会保险行政部门提出工伤认定申请。遇有特殊情况，经报社会保险行政部门同意,申请时限可以适当延长。

用人单位未按规定提出工伤认定申请的,工伤职工或者其近亲属、工会组织在事故伤害发生之日或者被诊断、鉴定为职业病之日起1年内,可以直接向用人单位所在地统筹地区社会保险行政部门提出工伤认定申请。

用人单位未在规定的时限内提交工伤认定申请,在此期间发生符合本条例规定的工伤待遇等有关费用由该用人单位负担。

13. 提出工伤认定申请应当提交哪些材料？

《工伤保险条例》第十八条规定，提出工伤认定申请应当提交下列材料：

（一）工伤认定申请表；

（二）与用人单位存在劳动关系（包括事实劳动关系）的证明材料；

（三）医疗诊断证明或者职业病诊断证明书（或者职业病诊断鉴定书）。

工伤认定申请表应当包括事故发生的时间、地点、原因以及职工伤害程度等基本情况。

工伤认定申请人提供材料不完整的，社会保险行政部门应当一次性书面告知工伤认定申请人需要补正的全部材料。申请人按照书面告知要求补正材料后，社会保险行政部

门应当受理。

14. 社会保险行政部门受理工伤认定申请后是否需要调查核实?

根据《工伤保险条例》第十九条的规定,社会保险行政部门受理工伤认定申请后,根据审核需要可以对事故伤害进行调查核实,用人单位、职工、工会组织、医疗机构以及有关部门应当予以协助。职业病诊断和诊断争议的鉴定,依照职业病防治法的有关规定执行。对依法取得职业病诊断证明书或者职业病诊断鉴定书的,社会保险行政部门不再进行调查核实。

15. 职工或者其近亲属认为是工伤而用人单位不认为是工伤时,怎么办?

根据《工伤保险条例》第十九条的规定,职工或者其近亲属认为是工伤,用人单位不认为是工伤的,由用人单位承担举证责任。

16. 社会保险行政部门应在多少天内作出工伤认定的决定?

根据《工伤保险条例》第二十条的规定,社会保险行政部门应当自受理工伤认定申请之日起 60 日内作出工伤认定的决定,并书面通知申请工伤认定的职工或者其近亲属和该职工所在单位。

社会保险行政部门对受理的事实清楚、权利义务明确的工伤认定申请,应当在 15 日内作出工伤认定的决定。

四、劳动能力鉴定

17. 什么是劳动能力鉴定？

《工伤保险条例》第二十二条规定，劳动能力鉴定是指劳动功能障碍程度和生活自理障碍程度的等级鉴定。

劳动功能障碍分为十个伤残等级，最重的为一级，最轻的为十级。

生活自理障碍分为三个等级：生活完全不能自理、生活大部分不能自理和生活部分不能自理。

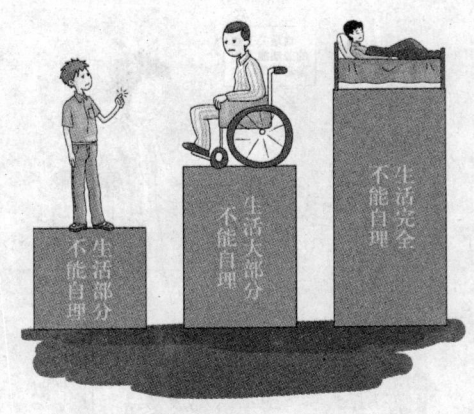

劳动能力鉴定标准由国务院社会保险行

政部门会同国务院卫生行政部门等部门制定。

18. 哪些情形下需要进行劳动能力鉴定？

职工有下列情形的,需要进行劳动能力鉴定:

职工发生工伤,经治疗伤情相对稳定后存在残疾、影响劳动能力的,应当进行劳动能力鉴定。

申请鉴定的单位或者个人对设区的市级劳动能力鉴定委员会作出的鉴定结论不服的,可以在收到该鉴定结论之日起 15 日内向省、自治区、直辖市劳动能力鉴定委员会提出再次鉴定申请。

自劳动能力鉴定结论作出之日起 1 年后,工伤职工或者其近亲属、所在单位或者经办机构认为伤残情况发生变化的,可以申请劳动能力复查鉴定。

19. 劳动能力鉴定的业务流程是怎样的?

劳动能力鉴定由用人单位、工伤职工或者其近亲属向设区的市级劳动能力鉴定委员会提出申请,并提供工伤认定决定和职工工伤医疗的有关资料。

设区的市级劳动能力鉴定委员会收到劳动能力鉴定申请后,应当组织相关专家组成专家组,由专家组提出鉴定意见。设区的市级劳动能力鉴定委员会根据专家组的鉴定意见作出工

伤职工劳动能力鉴定结论;必要时,可以委托具备资格的医疗机构协助进行有关的诊断。

设区的市级劳动能力鉴定委员会应当自收到劳动能力鉴定申请之日起 60 日内作出劳动能力鉴定结论,必要时,作出劳动能力鉴定结论的期限可以延长 30 日。劳动能力鉴定结论应当及时送达申请鉴定的单位和个人。

申请鉴定的单位或者个人对设区的市级劳动能力鉴定委员会作出的鉴定结论不服的,可以在收到该鉴定结论之日起 15 日内向省、自治区、直辖市劳动能力鉴定委员会提出再次鉴定申请。省、自治区、直辖市劳动能力鉴定委员会作出的劳动能力鉴定结论为最终结论。

五、工伤保险待遇

20. 什么情况下可以享受工伤医疗待遇？

职工因工作遭受事故伤害或者患职业病进行治疗，可以享受工伤医疗待遇。

21. 职工治疗工伤，应当在哪些医疗机构就医？

职工治疗工伤应当在签订服务协议的医疗机构就医，情况紧急时可以先到就近的医疗机构急救。

22. 工伤医疗待遇包括哪些内容？

工伤医疗待遇主要包括：

（1）职工治疗工伤所需费用符合工伤保险诊疗项目目录、工伤保险药品目录、工伤保险住院服务标准的，从工伤保险基金支付。

（2）职工住院治疗工伤的伙食补助费，以及经医疗机构出具证明，报经办机构同意，工伤职工到统筹地区以外就医所需的交通、食宿费用从工伤保险基金支付,基金支付的具体标准由统筹地区人民政府规定。

(3)工伤职工到签订服务协议的医疗机构进行工伤康复的费用,符合规定的,从工伤保险基金支付。

工伤职工治疗非工伤引发的疾病,不享受工伤医疗待遇,按照基本医疗保险办法处理。

23. 工伤职工安装假肢等费用可以从工伤保险基金支付吗?

《工伤保险条例》第三十二条规定,工伤职工因日常生活或者就业需要,经劳动能力鉴定委员会确认,可以安装假肢、矫形器、假眼、假牙和配置轮椅等辅助器具,所需费用按照国家规定的标准从工伤保险基金支付。

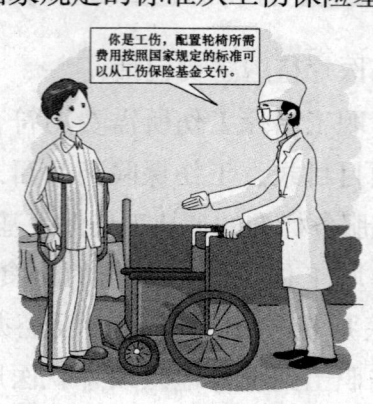

24. 工伤职工停工留薪期可以享受哪些待遇?

《工伤保险条例》第三十三条规定,职工因工作遭受事故伤害或者患职业病需要暂停工作接受工伤医疗的,在停工留薪期内,原工资福利待遇不变,由所在单位按月支付。

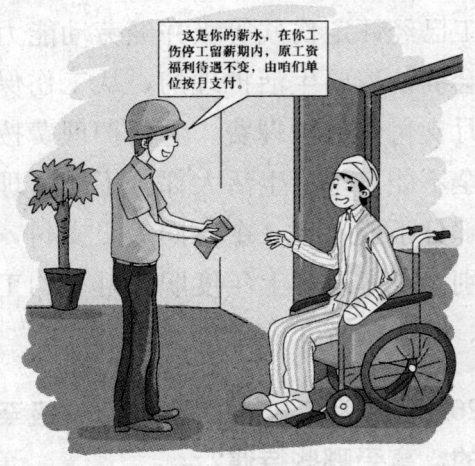

停工留薪期一般不超过 12 个月。伤情严重或者情况特殊,经设区的市级劳动能力鉴定委员会确认,可以适当延长,但延长不得超过 12 个月。工伤职工评定伤残等级后,停发原待遇,按照有关规定享受伤残待遇。工伤职工在停工留薪期满后仍需治疗的,继

续享受工伤医疗待遇。

生活不能自理的工伤职工在停工留薪期需要护理的,由所在单位负责。

25. 支付给工伤职工的生活护理费标准是什么?

《工伤保险条例》第三十四条规定,工伤职工已经评定伤残等级并经劳动能力鉴定委员会确认需要生活护理的,从工伤保险基金按月支付生活护理费。生活护理费按照生活完全不能自理、生活大部分不能自理或者生活部分不能自理3个不同等级支付,其标准分别为统筹地区上年度职工月平均工资的50%、40%或者30%。

26. 职工因工致残被鉴定为一级至四级伤残的,享受哪些待遇?

《工伤保险条例》第三十五条规定,职工因工致残被鉴定为一级至四级伤残的,保留劳动关系,退出工作岗位,享受以下待遇:

(一)从工伤保险基金按伤残等级支付一次性伤残补助金,标准为:一级伤残为27

个月的本人工资,二级伤残为25个月的本人工资,三级伤残为23个月的本人工资,四级伤残为21个月的本人工资。

(二)从工伤保险基金按月支付伤残津贴,标准为:一级伤残为本人工资的90%,二级伤残为本人工资的85%,三级伤残为本人工资的80%,四级伤残为本人工资的75%。伤残津贴实际金额低于当地最低工资标准的,由工伤保险基金补足差额。

(三)工伤职工达到退休年龄并办理退休手续后,停发伤残津贴,按照国家有关规定享受基本养老保险待遇。基本养老保险待遇低于伤残津贴的,由工伤保险基金补足差额。

职工因工致残被鉴定为一级至四级伤残的，由用人单位和职工个人以伤残津贴为基数，缴纳基本医疗保险费。

27. 职工因工致残被鉴定为五级、六级伤残的，享受哪些待遇？

《工伤保险条例》第三十六条规定，职工因工致残被鉴定为五级、六级伤残的，享受以下待遇：

（一）从工伤保险基金按伤残等级支付一次性伤残补助金，标准为：五级伤残为18个月的本人工资，六级伤残为16个月的本人工资。

（二）保留与用人单位的劳动关系，由用人单位安排适当工作。难以安排工作的，由用人单位按月发给伤残津贴，标准为：五级伤残为本人工资的70%，六级伤残为本人工资的60%，并由用人单位按照规定为其缴纳应缴纳的各项社会保险费。伤残津贴实际金额低于当地最低工资标准的，由用人单位补足差额。

经工伤职工本人提出，该职工可以与用

人单位解除或者终止劳动关系,由工伤保险基金支付一次性工伤医疗补助金,由用人单位支付一次性伤残就业补助金。一次性工伤医疗补助金和一次性伤残就业补助金的具体标准由省、自治区、直辖市人民政府规定。

28. 职工因工致残被鉴定为七级至十级伤残的,享受哪些待遇?

《工伤保险条例》第三十七条规定,职工因工致残被鉴定为七级至十级伤残的,享受以下待遇:

(一)从工伤保险基金按伤残等级支付一次性伤残补助金,标准为:七级伤残为13个月的本人工资,八级伤残为11个月的本人工资,九级伤残为9个月的本人工资,十级伤残为7个月的本人工资。

(二)劳动、聘用合同期满终止,或者职工本人提出解除劳动、聘用合同的,由工伤保险基金支付一次性工伤医疗补助金,由用人单位支付一次性伤残就业补助金。一次性工伤医疗补助金和一次性伤残就业补助金的具体标准由省、自治区、直辖市人民政府规定。

29. 如果工伤复发,还能享受工伤待遇吗?

工伤职工工伤复发,确认需要治疗的,可以按照相关规定享受工伤医疗待遇、配置辅助器具待遇、停工留薪期待遇。

30. 职工因工死亡,其近亲属、供养亲属可以享受哪些待遇?

《工伤保险条例》第三十九条规定,职工因工死亡,其近亲属按照下列规定从工伤保险基金领取丧葬补助金、供养亲属抚恤金和一次性工亡补助金:

(一)丧葬补助金为6个月的统筹地区上年度职工月平均工资。

(二)供养亲属抚恤金按照职工本人工资的一定比例发给由因工死亡职工生前提供主要生活来源、无劳动能力的亲属。标准为:配偶每月40%,其他亲属每人每月30%,孤寡老人或者孤儿每人每月在上述标准的基础上增加10%。核定的各供养亲属的抚恤金之和不应高于因工死亡职工生前的工资。供养亲属的具体范围由国务院社会保险行政部门规定。

（三）一次性工亡补助金标准为上一年度全国城镇居民人均可支配收入的20倍。

伤残职工在停工留薪期内因工伤导致死亡的，其近亲属享受本条第一款规定的待遇。

一级至四级伤残职工在停工留薪期满后死亡的，其近亲属可以享受本条第一款第（一）项、第（二）项规定的待遇。

31. 在什么情况下工伤职工停止享受工伤保险待遇？

《工伤保险条例》第四十二条规定，工

伤职工有下列情形之一的，停止享受工伤保险待遇：

（一）丧失享受待遇条件的；

（二）拒不接受劳动能力鉴定的；

（三）拒绝治疗的。

32. 用人单位分立、合并、转让的，工伤保险责任如何承担？

《工伤保险条例》第四十三条规定，用人单位分立、合并、转让的，承继单位应当承担原用人单位的工伤保险责任；原用人单位已经参加工伤保险的，承继单位应当到当地经办机构办理工伤保险变更登记。

用人单位实行承包经营的，工伤保险责任由职工劳动关系所在单位承担。

33. 职工在借调期间发生工伤，由谁承担工伤保险责任？

《工伤保险条例》第四十三条规定，职工被借调期间受到工伤事故伤害的，由原用人单位承担工伤保险责任，但原用人单位与借调单位可以约定补偿办法。

34. 企业破产时工伤保险待遇如何支付？

《工伤保险条例》第四十三条规定，企业破产的，在破产清算时依法拨付应由单位支付的工伤保险待遇费用。

35. 职工被派遣出境工作时工伤保险关系如何办理？

《工伤保险条例》第四十四条规定，职工被派遣出境工作，依据前往国家或者地区的法律应当参加当地工伤保险的，参加当地工伤保险，其国内工伤保险关系中止；不能参加当地工伤保险的，其国内工伤保险关系不中止。

36. 职工再次发生工伤时如何享受工伤保险待遇？

《工伤保险条例》第四十五条规定，职工再次发生工伤，根据规定应当享受伤残津贴的，按照新认定的伤残等级享受伤残津贴待遇。

六、监督管理

37. 对工伤保险的违法行为应向谁举报？

《工伤保险条例》第五十二条规定，任何组织和个人对有关工伤保险的违法行为，有权举报。社会保险行政部门对举报应当及时调查，按照规定处理，并为举报人保密。

38. 职工与用人单位发生工伤待遇方面的争议应如何处理？

《工伤保险条例》第五十四条规定，职工与用人单位发生工伤待遇方面的争议，按照处理劳动争议的有关规定处理。

39. 工伤职工或者其近亲属在何种情形下可以申请行政复议？

申请工伤认定的职工或者其近亲属对工伤认定申请不予受理的决定不服的；申请工伤认定的职工或者其近亲属对工伤认定结论不服的；工伤职工或者其近亲属对经办机构

核定的工伤保险待遇有异议的,可以依法申请行政复议,也可以依法向人民法院提起行政诉讼。

七、法律责任

40. 工伤职工或者其近亲属骗取工伤保险待遇应如何处罚?

工伤职工或者其近亲属骗取工伤保险待遇,由社会保险行政部门责令退还,处骗取金额 2 倍以上 5 倍以下的罚款;情节严重,构成犯罪的,依法追究刑事责任。

41. 用人单位未按规定参加工伤保险,职工发生工伤应如何支付费用?

应当参加工伤保险而未参加工伤保险的用人单位职工发生工伤的,由该用人单位按照《工伤保险条例》规定的工伤保险待遇项目和标准支付费用。

八、附 则

42. 什么是本人工资？

《工伤保险条例》所称本人工资,是指工伤职工因工作遭受事故伤害或者患职业病前 12 个月平均月缴费工资。本人工资高于统筹地区职工平均工资 300% 的,按照统筹地区职工平均工资的 300% 计算；本人工资低于统筹地区职工平均工资 60% 的,按照统筹地区职工平均工资的 60% 计算。

43. 无营业执照及被依法吊销营业执照的单位的职工发生工伤或者患职业病的,如何给予赔偿？

无营业执照或者未经依法登记、备案的单位以及被依法吊销营业执照或者撤销登记、备案的单位的职工受到事故伤害或者患职业病的,由该单位向伤残职工或者死亡职工的近亲属给予一次性赔偿,赔偿标准不得低于《工伤保险条例》规定的工伤保险待遇；用人单位不得使用童工，用人单位使用童工造成童工伤残、死亡的，由该单位向童工或者童工的近亲属给予一次性赔偿，赔偿标准不得低于《工伤保险条例》规定的工伤保险待遇。如果就赔偿数额与单位发生争议的，按照处理劳动争议的有关规定处理。